ESSENTIAL GUIDE TO CHINESE HISTORY

PART 4

SECOND EDITION (LARGE PRINT)

SPRING AND AUTUMN PERIOD

春秋时期

学习简单的中国历史文化

QING QING JIANG

PREFACE

Welcome to the Chinese History series, a series dedicated to helping Mandarin Chinese learners improve Chinese reading skills. In this series, we will discover China's 5,000-year-old history. Each of the book will focus on one important ruling Chinese dynasty. The books contain numerous lessons in Mandarin Chinese. We start with a ruling dynasty specific preface (前言), a brief introduction to the dynasty or related themes, and continue to dig the important aspects of the ruling era, such as politics, economy, etc. in the form or chapters. Each book contains 5 to 10 chapters. For the readers' convenience, a comprehensive list of vocabulary has been provided at the beginning of each chapter. The pinyin for the Chinese text is provided after the main text. Further, to enforce deeper learning, the English interpretation of the Chinese text has been purposely excluded for the books. This would help the readers think deeply about the contents the way native Chinese think. In order to help the Chinese learner remember important characters, words, long words, idioms, etc., these entities have been purposely repeated throughout the book, and across the books in the series. Taken together, the books in Chinese History series will tremendously help readers improve their Chinese reading skills.

If you have any questions, suggestions, and feedbacks, feel free to let me know in the review or comments.

You can find more about China and Chinese culture on my amazon homepage.

I blog at:

www.QuoraChinese.com

-Qing Qing

FEB 2023

©2023 Qing Qing Jiang

All rights reserved.

ESSENTIAL GUIDE TO CHINESE HISTORY

ACKNOWLEDGMENTS

I am a blogger. It has been a long and interesting journey since I started blogging quite a few years ago.

The blogging passion enabled me to write useful contents. In particular, I have been writing about China, and its culture.

My passion in writing was supported by my friends, colleagues, and most importantly, the almighty.

I thank everyone for constantly inspiring me in my life endeavours.

CONTENTS

PREFACE 2
ACKNOWLEDGMENTS 4
CONTENTS 5
INTRODUCTION TO THE HISTORY OF SPRING AND AUTUMN PERIOD (春秋时期历史简介) 8
CONFUCIUS (孔子) 11
GUAN ZHONG XIANG QI (管仲相齐) 16
AN OLD HORSE KNEW THE WAY (老马识途) 22
KING GOUJIAN OF YUE (越王勾践) 30
AVOID LIKE A PLAGUE (退避三舍) 37
PARTITION OF JIN (三家分晋) 42

前言

我们上个文件提到，春秋是属于东周的一部分，东周又可以细分为两段，分别是春秋时期和战国时期，而春秋时期指的就是东周的前半段，三家分晋之后的时期则被被称为战国时期。今天我们便来详细讲述一下春秋时期。当时西周被犬戎攻城，于是被迫迁移国都到洛邑，也就是今天的洛阳，东周由此开始。当我们说到春秋时期的时候，想到的最先是什么？我想应该是孔子吧。孔子作为一名举世闻名的名人，知名度应该很高吧。孔子也有一部著作，名字就叫做《春秋》，记录的就是当时将近 300 年的历史，也是儒家经典之一。当时的文化，百花齐放，百鸟争鸣，在历史上是墨重彩的一笔。在政治上，因为当时是由西周过渡到东周，国力衰微，周王的力量也越来越渺小，因此有许多将为势力较为强劲的诸侯出来争霸，彼此之间相互斗争，不断的扩大自己的土地和势力范围，在当时比较有名的有春秋五霸，下面我们也会介绍相关的一些事迹。在这里我们主要围绕当时有名的人和事迹来展开叙述。

Wǒmen shàng gè wénjiàn tí dào, chūnqiū shì shǔyú dōngzhōu de yībùfèn, dōngzhōu yòu kěyǐ xì fēn wéi liǎng duàn, fēnbié shì chūnqiū shíqí hé zhànguó shíqí, ér chūnqiū shíqí zhǐ de jiùshì dōngzhōu de qiánbàn duàn, sānjiā fēn jìn zhīhòu de shíqí zé bèi bèi chēng wéi zhànguó shíqí. Jīntiān wǒmen biàn lái xiángxì jiǎngshù yīxià chūnqiū shíqí. Dāngshí xīzhōu bèi quǎn róng gōng chéng, yúshì bèi pò qiānyí guódū dào luò yì, yě jiùshì jīntiān de luòyáng, dōngzhōu yóu cǐ kāishǐ. Dāng wǒmen shuō dào chūnqiū shíqí de shíhòu, xiǎngdào de zuì xiānshi shénme? Wǒ xiǎng yīnggāi shì kǒngzǐ ba. Kǒngzǐ zuòwéi yī míng jǔshì wénmíng de míngrén, zhīmíngdù yīnggāi hěn gāo ba. Kǒngzǐ yěyǒu yī bù zhùzuò, míngzì jiù jiàozuò "chūnqiū", jìlù de jiùshì dāngshí jiāngjìn 300 nián de lìshǐ, yěshì rújiā jīngdiǎn zhī yī. Dāngshí de wénhuà, bǎihuāqífàng, bǎi niǎo zhēngmíng, zài lìshǐ shàng shì mò zhòngcǎi de yī bǐ. Zài zhèngzhì shàng, yīnwèi dāngshí shì yóu xīzhōu guòdù dào dōngzhōu, guólì shuāiwéi, zhōu wáng de lìliàng yě yuè lái yuè miǎoxiǎo, yīncǐ yǒu xǔduō jiàng wèi shìlì jiàowéi qiángjìng de zhūhóu chūlái zhēngbà, bǐcǐ zhī jiān xiàng hù dòuzhēng, bùduàn de kuòdà zìjǐ de tǔdì hé shìlì fànwéi, zài dāngshí bǐjiào yǒumíng de yǒu chūnqiū wǔ bà, xiàmiàn wǒmen yě huì jièshào xiāngguān de yīxiē shìjì. Zài zhèlǐ wǒmen zhǔyào wéirào dāngshí yǒumíng de rén hé shìjì lái zhǎnkāi xùshù.

INTRODUCTION TO THE HISTORY OF SPRING AND AUTUMN PERIOD (春秋时期历史简介)

In Chinese history, the first half of the Eastern Zhou Dynasty (东周, 770 BC-256 BC) is usually referred as the Spring and Autumn Period (春秋时期), or simply Spring and Autumn (春秋). The period stretches from 770 BC to 476 BC.

The Eastern Zhou Dynasty was formed after the collapse of the Western Zhou Dynasty. It was the time when the feudal lords appointed Yijiu (宜臼), a former prince, as the king. Later, he was known as the King of Zhou Ping (周平王).

The Spring and Autumn Period began in 770 BC -- when King Ping of Zhou (周平王) moved the capital eastward to Luoyi (洛邑), located in the modern Luoyang City, Henan Province (今河南省洛阳市).

The period lasted for a total of 295 years, ending in 476 BC, the first year of King Yuan of Zhou (周元王), which was on the eve of the Warring States Period. However, some scholars argue the period ended in 453 BC, whereas some other scholars argue in favor of 403 BC as the end of the period.

In the Spring and Autumn Period, there were more than 140 vassal states. The vassals attacked and annexed each other; however, the emperor could not shoulder the responsibility of the state, and often had to ask some powerful vassals for help. In fact, after King Zhou Ping moved to the new capital at Luyi, the territory of the kingdom was greatly reduced as it became like a small country.

During the reign of the King Kao of Zhou (周考王), the country became weaker, and it was divided into the Eastern Zhou State (东周国) and the Western Zhou State (西周国). Eastern Zhou State (东周国) was also known as the Eastern Zhou Principality (东周公国). Similarly, the Western Zhou State (西周国) was also known as the Western Zhou Principality (西周公国).

Why is the Spring and Autumn called as such?

In ancient China, spring and autumn were the time when major social, political, and economic activities took place. For example, in ancient times, China was a farming country, and the most important farming and economic activities occurred in the spring and autumn, such as planting in the spring and harvesting in the autumn. Further, the snow used to be thick in winter and the roads were uneven, which was not suitable for conducting business or to go for war. In summer, it was too hot, which was not suitable for human and horses, and certainly not conducive to combat operations. No wonder, many important political activities took place in the spring and autumn seasons. Moreover, the spring/autumn time was also suitable for envoys to travel between countries to forge alliances with different countries.

Gradually, the whole year was represented by the season that best represented the political and economic activities at that time. Hence, the term "spring and autumn" was interpreted in numerous ways:

- ✓ 春秋 (chūn qiū): Spring and autumn; four seasons; year; age of a person; annals (as in book titles)

Not to mention, there are several major events recorded in Chinese history that took place during the spring and autumn seasons.

It is said that the historians of the State of Lu (鲁国) recorded the major events of various countries at that time, according to the year, season, month and day. The year was divided into four seasons: spring, summer, autumn, and winter. Since spring and autumn represented the combined value of the four seasons, they recorded the major events in the classics titled as "Spring and Autumn Classics" 《春秋》.

It should be noted that 春秋 or 春秋时期 refers to the historical period, whereas 《春秋》 or 《春秋经》 refers to the "Spring and Autumn Classics", a compilation of major events during the Eastern Zhou Dynasty.

"Spring and Autumn Classics" is one of the "Six Classics" of ancient Chinese Confucian classics. It is the first chronicle history book in China, and it is also the national history of Lu State during the Zhou Dynasty. It is said that Confucius (551 BC - 479 BC) revised the existing version.

《春秋》 records the major events of 242 years from the 722 BC to 481 BC. Confucius organized and revised it according to the "Spring and Autumn" compiled by the historian of the State of Lu, and it became one of the Confucian classics (儒家经典之一).

✓ 儒家经典 (rú jiā jīng diǎn): Confucian Classics

CONFUCIUS (孔子)

1	春秋	Chūnqiū	Spring and autumn; year; age; annals
2	也就是	Yě jiùshì	Namely; i.e.; that is
3	在当时	Zài dāngshí	At that time; in those days
4	教育家	Jiàoyù jiā	Educator; educationist
5	尊崇	Zūnchóng	Worship; revere; venerate
6	爱戴	Àidài	Love and esteem; respect and support
7	后人	Hòu rén	Later generations; futurity
8	万世师表	Wànshì shībiǎo	The teacher for all ages; an exemplary teacher for all ages
9	心目	Xīnmù	Mind; inward eye; mental view; mind's eye
10	孔子	Kǒngzǐ	Confucius
11	出身	Chūshēn	Class origin; family background
12	来头	Láitóu	Connections; background; backing
13	祖上	Zǔshàng	Ancestors; forefathers; forebears
14	殷商	Yīn shāng	The Shang/Yin dynasty
15	王室	Wángshì	Royal family
16	后羿	Hòu yì	Yi; Celestial Archer; Hou
17	厚实	Hòushí	Thick and solid
18	从小	Cóngxiǎo	From childhood; since one was very young; as a child
19	虚心求教	Xūxīn qiújiào	Ready to listen to advice; willing to take advice
20	不耻下问	Bùchǐ	Not feel shy to ask and learn from

		xiàwèn	subordinates
21	渊博	Yuānbó	Broad and profound; erudite
22	传道	Chuándào	Propagate doctrines of the ancient sages; preach; deliver a sermon
23	授业	Shòu yè	Impart knowledge; give instruction
24	相传	Xiāngchuán	Tradition has it that; according to legend; hand down; pass on
25	弟子	Dìzǐ	Disciple; pupil; follower
26	可谓	Kěwèi	One may well say; it may be said; it may be called
27	桃李满天下	Táolǐ mǎn tiānxià	Have pupils everywhere; have students all over the country
28	宽以待人	Kuān yǐ dàirén	Be broad-minded toward others; be lenient with others; treat others liberally
29	以理服人	Yǐ lǐ fú rén	Persuade through reasoning; convince people by reasoning
30	有教无类	Yǒu jiào wú lèi	Provide education for all people without discrimination; proper education levels all social classes
31	因材施教	Yīncái shījiào	Modify one's way of teaching to suit the special requirements of each class or case
32	简单来说	Jiǎndān lái shuō	In short; In a nutshell.; Simply put
33	每一个	Měi yīgè	Every, each; each and every; everyone; per
34	学生水平	Xuéshēng shuǐpíng	Proficiency level
35	文化水平	Wénhuà	Cultural level; educational level

		shuǐpíng	
36	教学方法	Jiàoxué fāngfǎ	Teaching devices
37	编纂	Biānzuǎn	Compile
38	论语	Lúnyǔ	The Analects of Confucius; The Analects
39	背诵	Bèisòng	Recite; repeat from memory; say by heart
40	不亦乐乎	Bù yì lè hū	Awfully; exceedingly; extremely; terribly
41	参透	Cāntòu	Penetrate mysteries
42	古人	Gǔrén	The ancients; our forefathers

Chinese (中文)

孔子是春秋时期的鲁国人，也就是今天的山东曲阜。在当时是有名的政治学家，教育家，同时也是儒家的创始人，深受人们的尊崇和爱戴，而且还被后人称为万世师表，可见孔子在人们心目中的地位有多高了。

要说这孔子的出身，来头还不小。孔子的祖上可是殷商王室的后羿，所以他算的是贵族出身，家里条件还算是厚实。

孔子从小就是一个热爱学习，虚心求教，不耻下问的人，也正因如此，孔子十分渊博。大概在孔子 30 岁的时候，开始收徒，传道授业。相传孔子有弟子 3000，其中成就比较大的有 72 人，可谓是桃李满天下。

孔子的思想主张核心是"仁"和"礼"，认为我们应该宽以待人，以理服人。他创办私人学堂，主张有教无类和因材施教，简单来说就是他对待学生都是平等，每一个都会细心去教，但是它会根据学生水平的不同，制定不同的教学计划，使他能够达到更高的文化水平，这也是孔子教学的魅力之处。在当时孔子便有这种觉悟，不仅开创了一股教育先风，还使得教育深入人心。

孔子死后，他的弟子将他的一些教学方法编纂成书。除了《春秋》，更为有名的还有《论语》。《论语》现在也被编入了课本当中，连小学生都会背诵，有朋自远方来，不亦乐乎等语句。这是一种文化的传承，从中我们可以参透古人的智慧。

Pinyin (拼音)

Kǒngzǐ shì chūnqiū shíqí de lǔ guórén, yě jiùshì jīntiān de shāndōng qūfù. Zài dāngshí shì yǒumíng de zhèngzhì xué jiā, jiàoyù jiā, tóngshí yěshì rújiā de chuàngshǐ rén, shēn shòu rénmen de zūnchóng hé àidài, érqiě hái bèi hòu rén chēng wèi wànshì shībiǎo, kějiàn kǒngzǐ zài rénmen xīnmù zhōng dì dìwèi yǒu duō gāole.

Yào shuō zhè kǒngzǐ de chūshēn, láitóu hái bù xiǎo. Kǒngzǐ de zǔshàng kěshì yīn shāng wángshì de hòu yì, suǒyǐ tā suàn de shì guìzú chūshēn, jiālǐ tiáojiàn hái suànshì hòushí.

Kǒngzǐ cóngxiǎo jiùshì yīgè rè'ài xuéxí, xūxīn qiújiào, bùchǐxiàwèn de rén, yě zhèng yīn rúcǐ, kǒngzǐ shífēn yuānbó. Dàgài zài kǒngzǐ 30 suì de shíhòu, kāishǐ shōu tú, chuándào shòu yè. Xiāngchuán kǒngzǐ yǒu dìzǐ 3000, qízhōng chéngjiù bǐjiào dà de yǒu 72 rén, kěwèi shì táolǐ mǎn tiānxià.

Kǒngzǐ de sīxiǎng zhǔzhāng héxīn shì "rén" hé "lǐ", rènwéi wǒmen yīnggāi kuān yǐ dàirén, yǐ lǐ fú rén. Tā chuàngbàn sīrén xuétáng, zhǔzhāng yǒu jiào wú lèi hé yīncáishījiào, jiǎndān lái shuō jiùshì tā duìdài xuéshēng dōu shì píngděng, měi yīgè dūhuì xìxīn qù jiào, dànshì tā huì gēnjù xuéshēng shuǐpíng de bùtóng, zhìdìng bùtóng de jiàoxué jìhuà, shǐ tā nénggòu dádào gèng gāo de wénhuà shuǐpíng, zhè yěshì kǒngzǐ jiàoxué de mèilì zhī chù. Zài dāngshí kǒngzǐ biàn yǒu zhè zhǒng juéwù, bùjǐn kāichuàngle yī gǔ jiàoyù xiān fēng, hái shǐdé jiàoyù shēnrù rénxīn.

Kǒngzǐ sǐ hòu, tā de dìzǐ jiāng tā de yīxiē jiàoxué fāngfǎ biānzuǎn chéngshū. Chúle "chūnqiū", gèng wèi yǒumíng de hái yǒu "lúnyǔ"."Lúnyǔ" xiànzài yě bèi biān rùle kèběn dāngzhōng, lián xiǎoxuéshēng dūhuì bèisòng, yǒupéng zì yuǎnfāng lái, bù yì lè hū děng yǔjù. Zhè shì yī zhǒng wénhuà de chuánchéng, cóngzhōng wǒmen kěyǐ cāntòu gǔrén de zhìhuì.

GUAN ZHONG XIANG QI (管仲相齐)

1	发生在	Fāshēng zài	Happen to; occur to; Occurs
2	齐国	Qí guó	Ancient state of Qi in what is now Shandong
3	统治者	Tǒngzhì zhě	Ruler; sovereign
4	残暴	Cánbào	Savage; cruel and heartless; cruel and ferocious; ruthless
5	地步	Dìbù	Condition; plight; situation; state
6	虎毒不食子	Hǔ dú bù shí zǐ	Even a powerful tiger will not eat its cubs -- no one has the capability of hurting his own children
7	自己的	Zìjǐ de	Self
8	公子	Gōngzǐ	Son of a feudal prince or high official
9	统治	Tǒngzhì	Rule; dominate; control; govern
10	无道	Wú dào	Not follow the Way (or the Tao); without principles; tyrannical; unjust; tyranny
11	实在	Shízài	True; real; honest; dependable; well-done; done carefully
12	朝廷	Cháotíng	Royal or imperial court
13	名叫	Míng jiào	Call; by the name of
14	公孙	Gōngsūn	Gongsun
15	无知	Wúzhī	Ignorant
16	忍心	Rěnxīn	Have the heart to; be hardhearted enough to; pitiless; hardhearted
17	毁掉	Huǐ diào	Destroy; cause to perish
18	谋杀	Móushā	Murder

19	死亡	Sǐwáng	Die; breathe one's last; death; doom
20	返回	Fǎnhuí	Return; go back; revert; recurrence
21	时机	Shíjī	Opportunity; an opportune moment
22	必定	Bìdìng	Be bound to; be sure to; certainly; undoubtedly
23	一个人	Yīgè rén	One
24	继承	Jìchéng	Inherit; succeed; carry on; carry forward
25	王位	Wángwèi	Throne; crown
26	也就是	Yě jiùshì	Namely; i.e.; that is
27	追杀	Zhuī shā	Chase to kill
28	为了避免	Wèile bìmiǎn	For fear of; Avoiding the prophecy
29	皇位	Huángwèi	Throne
30	在当时	Zài dāngshí	At that time; in those days; at the time
31	不见得	Bùjiàn dé	Not likely; not necessarily; may not; it is improbable that
32	明争暗斗	Míngzhēng'àndòu	Fight both with open and secret means; both open strife and veiled struggle; overt contention and covert struggle; both open rivalry and veiled strife
33	惨死	Cǎnsǐ	Die a tragic death; meet with a tragic death; die distressingly
34	还没死	Hái méi sǐ	Not yet dead
35	连忙	Liánmáng	Promptly; immediately; instantly; in a hurry
36	说道	Shuōdao	Say
37	留下	Liú xià	Leave; keep; stay; remain

38	想要	Xiǎng yào	Want; intend; wish
39	一统天下	Yītǒng tiānxià	Rule all the land; All the empire came under one's sway; bring the whole country under one's rule; bring the whole world under one's domination
40	依靠	Yīkào	Rely on; depend on
41	谋略	Móulüè	Astuteness and resourcefulness; strategy
42	宰相	Zǎixiàng	Prime minister; chancellor
43	统一天下	Tǒngyī tiānxià	Unification of the whole country
44	死地	Sǐdì	Fatal position; deathtrap
45	不讲道理	Bù jiǎng dàolǐ	Be unreasonable; refuse to see reason; be impervious to reason
46	不识	Bù shí	Fail to see; be ignorant of; not know; not appreciate
47	大局	Dàjú	Overall situation; general situation; whole situation
48	出面	Chūmiàn	Act in one's own capacity; appear personally; come forward
49	辅佐	Fǔzuǒ	Assist a ruler in governing a country
50	请教	Qǐngjiào	Ask for advice; consult

Guan Zhong Xiang Qi (管仲相齐) is a famous historical allusion in the Spring and Autumn Period.

Guan Zhong (管仲) was originally a counselor under Gongzi Jiu (公子纠帐), and he once assisted (unsuccessfully) Gongzi Jiu in assassinating Young Master Xiaobai (公子小白). Later, Xiaobai won and ascended the throne as Duke Huan of Qi (齐桓公). Duke Huan of Qi was an open-minded and generous person. After listening to Bao Shuya's words, not only did he not forgive Guan Zhong's crimes, but he also appointed him as prime minister and let him manage state affairs. Guan Zhong also made suggestions for Qi's hegemony. He not only made the country safe and peaceful, but also made Duke Huan of Qi one of the five hegemons in the Spring and Autumn Period.

Chinese (中文)

这个故事发生在春秋的后期。当时齐国的统治者齐襄王统治非常残暴，残暴到一种什么地步呢，都说虎毒不食子，他是狠起心来连自己的子女都下得去手。所以当时的公子小白和公子纠纷纷逃跑。和公子小白一同逃跑的还有鲍叔牙，和公子纠逃跑的则是管夷吾，他们逃往了不同的地方。

齐襄王统治无道，实在是有人看不下去了，当时的一个朝廷重臣，名叫公孙无知，他不忍心看着国家被齐襄王毁掉，于是谋杀了齐襄王。

齐襄王死亡的消息传出来后，公子小白和公子纠知道他们返回齐国的时机到了，因为齐襄王死了，他们之间必定有一个人要继承王位。

最后，公子小白比公子纠先到，顺利当上了皇帝，也就是齐桓王。而还在途中的公子纠便麻烦了，因为齐桓王已经下令追杀公子纠了，这也是为了避免他来争夺皇位。在当时，生在皇室，也不见得是个好事，因为权力的明争暗斗是非常可怕的。最后公子小白惨死，但是管夷吾存活了下来。

鲍叔牙知道管夷吾还没死后，连忙对齐桓公说道，必须要把管夷吾留下，如果想要一统天下，还得依靠管夷吾。因为管夷吾是一个具有谋略的人，任他为宰相，才有统一天下的可能。

尽管管夷吾曾经差点置公子小白于死地，但是齐桓公也不是一个不讲道理，不识大局的人。他亲自出面，请求管夷吾辅佐他，还向他请教治国的方法。管夷吾也是不计前嫌，忠诚的辅佐齐桓公，开创了后面的大业。

Pinyin (拼音)

Zhège gùshì fāshēng zài chūnqiū de hòuqí. Dāngshí qí guó de tǒngzhì zhě qí xiāng wáng tǒngzhì fēicháng cánbào, cánbào dào yī zhǒng shénme dìbù ne, dōu shuō hǔ dú bù shí zǐ, tā shì hěn qǐ xīn lái lián zìjǐ de zǐnǚ dōu xià dé qù shǒu. Suǒyǐ dāngshí de gōngzǐ xiǎo bái hé gōngzǐ jiūfēn fēn táopǎo. Hé gōngzǐ xiǎo bái yītóng táopǎo de hái yǒu bàoshūyá, hé gōngzǐ jiū táopǎo de zé shì guǎn yíwú, tāmen táo wǎng liǎo bùtóng dì dìfāng.

Qí xiāng wáng tǒngzhì wú dào, shízài shì yǒurén kàn bù xiàqùle, dāngshí de yīgè cháotíng zhòngchén, míng jiào gōngsūn wúzhī, tā bù rěnxīn kànzhe guójiā bèi qí xiāng wáng huǐ diào, yúshì móushāle qí xiāng wáng.

Qí xiāng wáng sǐwáng de xiāoxī chuán chūlái hòu, gōngzǐ xiǎo bái hé gōngzǐ jiū zhīdào tāmen fǎnhuí qí guó de shíjī dàole, yīnwèi qí xiāng wáng sǐle, tāmen zhī jiān bìdìng yǒuyīgèrén yào jìchéng wángwèi.

Zuìhòu, gōngzǐ xiǎo bái bǐ gōngzǐ jiū xiān dào, shùnlì dāng shàngle huángdì, yě jiùshì qí huán wáng. Ér hái zài túzhōng de gōngzǐ jiū biàn máfanle, yīnwèi qí huán wáng yǐjīng xiàlìng zhuī shā gōngzǐ jiūle, zhè yěshì wèile bìmiǎn tā lái zhēngduó huángwèi. Zài dāngshí, shēng zài huángshì, yě bùjiàn dé shìgè hǎoshì, yīnwèi quánlì de míngzhēng'àndòu shì fēicháng kěpà de. Zuìhòu gōngzǐ xiǎo bái cǎnsǐ, dànshì guǎn yíwú cúnhuóle xiàlái.

Bàoshūyá zhīdào guǎn yíwú hái méi sǐ hòu, liánmáng duìqí huángōng shuōdao, bìxū yào bǎ guǎn yíwú liú xià, rúguǒ xiǎng yào yītǒng tiānxià, hái dé yīkào guǎn yíwú. Yīnwèi guǎn yíwú shì yīgè jùyǒu móulüè de rén, rèn tā wèi zǎixiàng, cái yǒu tǒngyī tiānxià de kěnéng.

Jǐnguǎn guǎn yíwú céngjīng chàdiǎn zhì gōngzǐ xiǎo bái yú sǐdì, dànshì qí huángōng yě bùshì yī gè bù jiǎng dàolǐ, bù shí dàjú de rén. Tā qīnzì chūmiàn, qǐngqiú guǎn yíwú fǔzuò tā, hái xiàng tā qǐngjiào zhìguó de fāngfǎ. Guǎn yíwú yěshì bùjì qiánxián, zhōngchéng de fǔzuǒ qí huángōng, kāichuàngle hòumiàn de dàyè.

AN OLD HORSE KNEW THE WAY (老马识途)

1	老马识途	Lǎo mǎshítú	Know the ropes; an old hand is a good guide; an old horse knows the way; old stalwarts know best the twists and turns of the way
2	成语	Chéngyǔ	Set phrase; idiom; idioms and allusions
3	不知道	Bù zhīdào	A stranger to; have no idea; I don't know; No
4	源自于	Yuán zì yú	Be derived from
5	春秋	Chūnqiū	Spring and autumn; year; age; annals
6	不仅如此	Bùjǐn rúcǐ	Not only that; nor is this all; nay; Not only that; More Than That
7	主人公	Zhǔréngōng	Leading character in a novel, etc.; hero or heroine; protagonist
8	恰巧	Qiàqiǎo	By chance; fortunately; as chance would have it; happen to
9	当中	Dāngzhōng	In the middle; in the center
10	也就是	Yě jiùshì	Namely; i.e.; that is
11	辅佐	Fǔzuǒ	Assist a ruler in governing a country
12	齐国	Qí guó	Ancient state of Qi in what is now Shandong
13	国力	Guólì	National power; national strength
14	越来越	Yuè lái yuè	More and more
15	强盛	Qiángshèng	Powerful and prosperous
16	蜕变	Tuìbiàn	Change qualitatively; transform; transmute; decay
17	大国	Dàguó	Power; leading powers; great

			power
18	小国	Xiǎoguó	A small country; microstate
19	不服	Bùfú	Refuse to obey; not give in to; refuse to accept as final
20	管教	Guǎnjiào	Certainly; assuredly; surely
21	来犯	Lái fàn	Come to attack us; invade our territory
22	强夺	Qiáng duó	Grab; snatch; rob
23	财物	Cáiwù	Property; belongings
24	举兵	Jǔ bīng	Raise an army to fight
25	平定	Píngdìng	Calm down; pacify
26	中原	Zhōngyuán	Central Plains
27	安稳	Ānwěn	Smooth and steady; staid; sedate
28	率领	Shuàilǐng	Lead; head; command
29	攻打	Gōngdǎ	Attack; assault; assail
30	逃跑	Táopǎo	Run away; flee; escape; take flight
31	一时	Yīshí	For a short while; temporary; momentary
32	日后	Rìhòu	In the future; in days to come
33	一定会	Yīdìng huì	In for
34	再来	Zàilái	Come again; encore; request/order a repetition
35	骚乱	Sāoluàn	Disturbance; riot; chaos; make trouble
36	这次	Zhè cì	This time; present; current
37	一举	Yījǔ	With one action; at one stroke; at one fell swoop; at the first try
38	后患	Hòuhuàn	Future trouble; seeds of future danger
39	于是	Yúshì	Thereupon; hence; consequently; as a result

40	追击	Zhuījí	Pursue and attack; follow up
41	听从	Tīngcóng	Obey; heed; comply with
42	联合	Liánhé	Unite; ally; alliance; union
43	一同	Yītóng	Together with; in the company of; together; at the same time and place
44	壮大	Zhuàngdà	Strengthen; expand
45	自己的	Zìjǐ de	Self
46	力量	Lìliàng	Physical strength
47	首领	Shǒulǐng	Chieftain; leader; head
48	自知	Zì zhī	Be oneself aware (that); know oneself
49	打不过	Dǎ bùguò	Be no fighting match for
50	来得及	Láidéjí	There's still time; be able to do something in time; be able to make it
51	基本上	Jīběn shàng	Mainly
52	投降	Tóuxiáng	Surrender; capitulate
53	宽宏	Kuānhóng	Large-minded; magnanimous
54	留下来	Liú xiàlái	Remain; stay behind; leave behind; entail
55	他们的	Tāmen de	Their; theirs
56	哪里	Nǎlǐ	Where
57	大家	Dàjiā	Great master; authority
58	孤竹	Gū zhú	A surname
59	出发	Chūfā	Set out; start off; leave; depart
60	乘胜追击	Chéngshèng zhuījí	Follow up a victory with hot pursuit; continue one's victorious pursuit; continue the triumphant pursuit; exploit the victories by hot pursuit

61	不幸的是	Bùxìng de shì	Unfortunately; sad to say; Unluckily
62	圈套	Quāntào	Snare; trap; springe
63	沙漠	Shāmò	Desert
64	失去	Shīqù	Lose
65	出去	Chūqù	Go out; get out
66	方向	Fāngxiàng	Direction; orientation
67	荒无人烟	Huāngwú rényān	No human habitation; desolate and uninhabited; The place was deserted, without a soul to be seen
68	求救	Qiújiù	Cry for help; ask somebody to come to the rescue; seek help
69	看得见	Kàn dé jiàn	Noticeable; visible; tangible
70	正当	Zhèngdàng	Just when; just the time for; proper; rightful; rational and legitimate
71	一筹莫展	Yīchóu mòzhǎn	Be nonplussed over something; at a loss what to do; be at one's wits' end; be at the end of one's tether
72	建议	Jiànyì	Propose; suggest; advise; recommend
73	老马	Lǎo mǎ	Old horse
74	有经验	Yǒu jīng yàn	Be around
75	不如	Bùrú	Not equal to; not as good as; inferior to; cannot do better than
76	马来	Mǎ lái	Malay; Malay Archipelago; Malaysia
77	带路	Dàilù	Show the way; lead the way; act as a guide
78	走出	Zǒuchū	Walk out
79	虽然	Suīrán	Though; although

80	觉得	Juédé	Feel; be aware; sense
81	不切实际	Bù qiè shíjì	Unrealistic; unpractical; impracticable; moot
82	当时	Dāngshí	Then; at that time; just at that moment; right away; at once; immediately
83	办法	Bànfǎ	Method; means; measure
84	挑选	Tiāoxuǎn	Pick; choose; select; pitch
85	在前面	Zài qiánmiàn	Farther on; fore
86	没想到	Méi xiǎngdào	Have not expected or thought of
87	找到了	Zhǎodàole	Eureka; Found; find
88	敌人	Dírén	Enemy; foe
89	措手不及	Cuòshǒu bùjí	Be taken by surprise; be caught unawares; be too late to do anything about it; be too surprised to defend oneself
90	打败	Dǎbài	Defeat; beat; worst
91	拿回来	Ná huílái	Bring back; take back; fetch
92	从此	Cóngcǐ	From this time on; from now on; from then on; henceforth
93	威名	Wēimíng	Fame based on great strength or military exploits; prestige

Chinese (中文)

老马识途的成语大家应该都知道吧，但很多人不知道的是，老马识途这个成语其实是源自于春秋时期。不仅如此，主人公还恰巧就是上个故事当中的管夷吾，也就是我们所说的管仲。

在管仲的辅佐之下，齐国的国力越来越强盛，逐渐蜕变为一个大国。虽然周边很多国家都承认了齐国的大国地位，但是也有些小国不服管教。

其中便有一个名叫山戎的部落，经常来犯，强夺粮食和财物，给统治带来了很大的威胁。管仲认为齐桓公应该举兵平定这个少数部落，否则中原难以安稳。

齐桓公听了管仲的意见，率领军队前去攻打山戎，但是山戎早已经得到消息，提前逃跑了。

管仲认为，山戎逃跑只是一时的，日后一定会再来骚乱，如果这次不一举平定，必留后患。

于是齐桓公继续追击，而且听从管仲的建议，还联合了另一支小国一同攻打山戎，壮大自己的力量。

山戎的首领知道有几支军队前来攻打后，自知打不过，于是带着一些信得过的人和大量的财物逃跑了。没来得及逃跑的基本上都投降了，齐桓公并没有处罚他们，而是宽宏的对待他们，山戎人因此十分感激齐桓公。

齐桓公问留下来的山戎人，他们的首领跑去了哪里，大家说应该是去孤竹国借兵去了。于是齐桓公继续出发，乘胜追击，以除后患。

但是不幸的是，齐桓公中了他们的圈套，被带进了沙漠里，失去了出去的方向。在这个荒无人烟的沙漠，求救也不会有人看得见。

正当大家都一筹莫展的时候，管仲提出了一个建议。他说很多老马都是很有经验的，不如让马来带路，没准可以走出去。

虽然齐桓公觉得这有点不切实际，但是当时也没有别的办法，还是听从了管仲的建议，挑选了几匹老马让他们在前面带路。

没想到最后还真的找到了出去的路，齐桓公给敌人打了一个措手不及，最后成功打败了敌人，拿回来被掠夺的财物，从此齐桓公的威名也更大了。

Pinyin (拼音)

Lǎo mǎshítú de chéngyǔ dàjiā yīnggāi dōu zhīdào ba, dàn hěnduō rén bù zhīdào de shì, lǎo mǎshítú zhège chéngyǔ qíshí shì yuán zì yú chūnqiū shíqí. Bùjǐn rúcǐ, zhǔréngōng hái qiàqiǎo jiùshì shàng gè gùshì dāngzhōng de guǎn yíwú, yě jiùshì wǒmen suǒ shuō de guǎnzhòng.

Zài guǎnzhòng de fǔzuǒ zhī xià, qí guó de guólì yuè lái yuè qiángshèng, zhújiàn tuìbiàn wéi yīgè dàguó. Suīrán zhōubiān hěnduō guójiā dōu chéngrènle qí guó de dàguó dìwèi, dànshì yě yǒuxiē xiǎoguó bùfú guǎnjiào.

Qízhōng biàn yǒu yīgè míng jiào shān róng de bùluò, jīngcháng lái fàn, qiáng duó liángshí hé cáiwù, gěi tǒngzhì dài láile hěn dà de wēixié. Guǎnzhòng rènwéi qí huánggōng yīnggāi jǔ bīng píngdìng zhège shǎoshù bùluò, fǒuzé zhōngyuán nányǐ ānwěn.

Qí huánggōng tīngle guǎnzhòng de yìjiàn, shuàilǐng jūnduì qián qù gōngdǎ shān róng, dànshì shān róng zǎo yǐjīng dédào xiāoxī, tíqián táopǎole.

Guǎnzhòng rènwéi, shān róng táopǎo zhǐshì yīshí de, rìhòu yīdìng huì zàilái sāoluàn, rúguǒ zhè cì bù yījǔ píngdìng, bì liú hòuhuàn.

Yúshì qí huángōng jìxù zhuījí, érqiě tīngcóng guǎnzhòng de jiànyì, hái liánhéle lìng yī zhī xiǎoguó yītóng gōngdǎ shān róng, zhuàngdà zìjǐ de lìliàng.

Shān róng de shǒulǐng zhīdào yǒu jǐ zhī jūnduì qián lái gōngdǎ hòu, zì zhī dǎ bùguò, yúshì dàizhe yīxiē xìndéguò de rén hé dàliàng de cáiwù táopǎole. Méi láidéjí táopǎo de jīběn shàng dū tóuxiángle, qí huángōng bìng méiyǒu chǔfá tāmen, ér shì kuānhóng de duìdài tāmen, shān róng rén yīncǐ shífēn gǎnjī qí huángōng.

Qí huángōng wèn liú xiàlái de shān róng rén, tāmen de shǒu lǐngpǎo qùle nǎlǐ, dàjiā shuō yīnggāi shì qù gū zhú guó jiè bīng qùle. Yúshì qí huángōng jìxù chūfā, chéngshèngzhuījí, yǐ chú hòuhuàn.

Dànshì bùxìng de shì, qí huángōng zhōngle tāmen de quāntào, bèi dài jìnle shāmò lǐ, shīqùle chūqù de fāngxiàng. Zài zhège huāngwúrényān de shāmò, qiújiù yě bù huì yǒurén kàn dé jiàn.

Zhèngdàng dàjiā dōu yīchóumòzhǎn de shíhòu, guǎnzhòng tíchūle yīgè jiànyì. Tā shuō hěnduō lǎo mǎ dōu shì hěn yǒu jīngyàn de, bùrú ràng mǎ lái dàilù, méizhǔn kěyǐ zǒu chūqù.

Suīrán qí huángōng juédé zhè yǒudiǎn bù qiè shíjì, dànshì dāngshí yě méiyǒu bié de bànfǎ, háishì tīngcóngle guǎnzhòng de jiànyì, tiāoxuǎnle jǐ pǐ lǎo mǎ ràng tāmen zài qiánmiàn dàilù.

Méi xiǎngdào zuìhòu hái zhēn de zhǎodàole chūqù de lù, qí huángōng gěi dírén dǎle yīgè cuòshǒubùjí, zuìhòu chénggōng dǎbàile dírén, ná huílái bèi lüèduó de cáiwù, cóngcǐ qí huángōng de wēimíng yě gèng dàle.

KING GOUJIAN OF YUE (越王勾践)

1	想到	Xiǎngdào	Think of; call to mind; have at heart
2	君主	Jūnzhǔ	Monarch; sovereign
3	马厩	Mǎjiù	Stable
4	睡前	Shuì qián	Bedtime; Before sleep
5	苦胆	Kǔdǎn	Gall; gall bladder
6	警醒	Jǐngxǐng	Be a light sleeper
7	自己	Zìjǐ	Oneself; of one's own side; closely related
8	有朝一日	Yǒuzhāo yīrì	Some day; some day in the future; one day; if one day
9	卷土重来	Juǎntǔ chónglái	Stage a comeback; bob up; bounce back; fight back
10	勾践	Gōujiàn	King of Yue (Zhejiang-Fujian area, 496-465 BC)
11	攻打	Gōngdǎ	Attack; assault; assail
12	羞辱	Xiūrù	Shame; dishonor; humiliation
13	他杀	Tāshā	Homicide
14	马夫	Mǎfū	Groom; horse keeper
15	一天到晚	Yītiān dào wǎn	All day long; all day; from dawn to dusk; from morning to night
16	马匹	Mǎpǐ	Horse
17	打扫	Dǎsǎo	Sweep; clean
18	臣服	Chénfú	Submit oneself to the rule of; acknowledge allegiance to
19	君王	Jūnwáng	King; lord
20	还要	Hái yào	Even/still more; still want to

21	痛苦	Tòngkǔ	Pain; suffering; agony; sore
22	坚持下去	Jiānchí xiàqù	Plug away
23	那就是	Nà jiùshì	That is; That is to say; Someone
24	君子	Jūnzǐ	A man of noble character; gentleman
25	报仇	Bàochóu	Revenge; avenge
26	总有一天	Zǒng yǒu yītiān	One fine day
27	东山再起	Dōngshān zàiqǐ	Stage a comeback; bob up like a cork; make a comeback; return to a previous stage
28	那时候	Nà shíhòu	At that time; in those days; at the time
29	所以	Suǒyǐ	So; therefore; as a result
30	抗拒	Kàngjù	Resist; oppose; defy; withstand
31	而是	Ér shì	Not A, but B
32	老老实实	Lǎo lǎoshí shí	Behave oneself; play no tricks; honestly and sincerely; conscientiously
33	照顾	Zhàogù	Give consideration to; show consideration for; take account of; make allowance for
34	表现出	Biǎoxiàn chū	Show; represent; act out
35	忠心耿耿	Zhōngxīn gěnggěng	Keep loyal to; be loyal and devoted; be most loyal; be staunch and steadfast
36	样子	Yàngzi	Appearance; shape
37	日复一日	Rì fù yī rì	Day in and day out; from day to day
38	年复一年	Nián fù yī nián	Year after year; from one year to another; year in and year out; year in, year out

#	汉字	Pinyin	Meaning
39	没有了	Méiyǒule	No; Nothing; No more
40	二心	Èr xīn	Disloyalty; half-heartedness; unfaithful; insincere
41	完全	Wánquán	Complete; whole; perfect; completely
42	归顺	Guīshùn	Come over and pledge allegiance; yield surrender; pay allegiance to
43	于是	Yúshì	Thereupon; hence; consequently; as a result
44	打算	Dǎsuàn	Intend; plan; think; mean
45	回去	Huíqù	Return; go back; be back; back
46	决心要	Juéxīn yào	Be bent on
47	带兵	Dài bīng	Head troops
48	操练	Cāoliàn	Drill; practice
49	自己的	Zìjǐ de	Self
50	种地	Zhòng dì	Till land; go in for farming; do farm work
51	老百姓	Lǎobǎixìng	Folk; common people
52	耕作	Gēngzuò	Tillage; cultivation; farming
53	离开	Líkāi	Leave; depart from; deviate from; departure
54	仍然	Réngrán	Still; yet; as usual; as before
55	卧薪尝胆	Wòxīn chángdǎn	Sleep on the brushwood and taste the gall -- to nurse vengeance; endure hardships to accomplish some ambition; eat the leek; I have lain, as it were, upon thorns, and my mouth filled with gall
56	时时刻刻	Shí shíkè kè	At every moment; all the time; always; continuously
57	提醒	Tíxǐng	Remind; warn; call attention to; prompting

58	不要	Bùyào	Don't
59	忘记	Wàngjì	Forget; slip from one's memory
60	之前	Zhīqián	Before; prior to; ago
61	屈辱	Qūrǔ	Humiliation; disgrace; mortification
62	不仅如此	Bùjǐn rúcǐ	Not only that; nor is this all; nay; Not only that; More Than That
63	消磨	Xiāomó	Wear down; fritter away
64	西施	Xīshī	Name of a famous beauty of the late Spring and Autumn Period; beautiful woman; beauty
65	从那以后	Cóng nà yǐhòu	Thereafter
66	沉迷	Chénmí	Indulge; wallow
67	玩乐	Wánlè	Have fun; entertain (or amuse) oneself; make fun
68	不顾	Bùgù	Disregard; ignore; in defiance of; in spite of
69	朝政	Cháozhèng	Affairs of state; the political situation and power of an imperial government
70	一天天	Yī tiāntiān	Day after day; every day
71	衰弱	Shuāiruò	Weak; feeble; fall into a decline; debility
72	准备好了	Zhǔnbèi hǎole	Ready; all set; get ready
73	等到	Děngdào	By the time; when
74	时机	Shíjī	Opportunity; an opportune moment
75	这一次	Zhè yīcì	This time; on this occasion; for once
76	还手	Huánshǒu	Strike back; hit back

| 77 | 惭愧 | Cánkuì | Ashamed; abashed |
| 78 | 自刎 | Zìwěn | Commit suicide by cutting one's throat; cut one's throat |

Chinese (中文)

你能想到吗？一代君主，在马厩里喂马，睡在又脏又乱的草上，睡前尝苦胆，以警醒自己有朝一日要卷土重来。

这个人就是越王勾践。当初吴王夫差攻打越国，并且成功打败越国。为了羞辱越王，并没有直接把他杀了，而是抓他来吴国当马夫，一天到晚都要喂马，照顾马匹，打扫卫生，让勾践臣服于他。

对一个君王来说，这比死还要来的痛苦。但是越王坚持下来了，能让他坚持下去的只有一个动力，那就是他不能死。君子报仇，十年不晚，总有一天他会东山再起，那时候再报仇也不迟。

所以越王勾践并没有抗拒，而是老老实实的每天喂马，照顾马，表现出一副忠心耿耿的样子。

日复一日，年复一年。连夫差都认为勾践已经没有了二心，完全归顺于他们了，于是打算放他回去。

勾践离开后，决心要报仇。他亲自带兵，每天操练，壮大自己的力量。还亲自和农民一起下田种地，和老百姓们一同耕作。

哪怕是离开吴国后，勾践仍然每天卧薪尝胆，为的就是时时刻刻提醒自己，不要忘记之前所受的屈辱。

不仅如此，为了消磨吴王夫差的意志，他还给夫差送去了美女西施。

从那以后，夫差更加沉迷玩乐，不顾朝政，吴国一天天衰弱下去。

经过了二十年的准备，勾践终于准备好了。等到时机一成熟，勾践便立刻带兵攻打吴国，这一次，他把吴国军队打的毫无还手之力，吴王夫差十分惭愧，最后也自刎身亡，勾践大仇终于得报。

Pinyin (拼音)

Nǐ néng xiǎngdào ma? Yīdài jūnzhǔ, zài mǎjiù lǐ wèi mǎ, shuì zài yòu zàng yòu luàn de cǎo shàng, shuì qián cháng kǔdǎn, yǐ jǐngxǐng zìjǐ yǒuzhāoyīrì yào juǎntǔchónglái.

Zhège rén jiùshì yuèwáng gōujiàn. Dāngchū wú wáng fūchà gōngdǎ yuè guó, bìngqiě chénggōngdǎbài yuè guó. Wèile xiūrù yuèwáng, bìng méiyǒu zhíjiē bǎ tāshāle, ér shì zhuā tā lái wú guó dāng mǎfū, yītiān dào wǎn dōu yào wèi mǎ, zhàogù mǎpǐ, dǎsǎo wèishēng, ràng gōujiàn chénfú yú tā.

Duì yīgè jūnwáng lái shuō, zhè bǐ sǐ hái yào lái de tòngkǔ. Dànshì yuèwáng jiānchí xiàláile, néng ràng tā jiānchí xiàqù de zhǐyǒu yīgè dònglì, nà jiùshì tā bùnéng sǐ. Jūnzǐ bàochóu, shí nián bù wǎn, zǒng yǒu yītiān tā huì dōngshānzàiqǐ, nà shíhòu zài bàochóu yě bù chí.

Suǒyǐ yuèwáng gōujiàn bìng méiyǒu kàngjù, ér shì lǎo lǎoshí shí de měitiān wèi mǎ, zhàogù mǎ, biǎoxiàn chū yī fù zhōngxīn gěnggěng de yàngzi.

Rì fù yī rì, nián fù yī nián. Lián fūchà dōu rènwéi gōujiàn yǐjīng méiyǒule èr xīn, wánquán guīshùn yú tāmenle, yúshì dǎsuàn fàng tā huíqù.

Gōujiàn líkāi hòu, juéxīn yào bàochóu. Tā qīnzì dài bīng, měitiān cāoliàn, zhuàngdà zìjǐ de lìliàng. Hái qīnzì hé nóngmín yīqǐ xiàtián zhòng dì, hé lǎobǎixìngmen yītóng gēngzuò.

Nǎpà shì líkāi wú guó hòu, gōujiàn réngrán měitiān wòxīnchángdǎn, wèi de jiùshì shí shíkè kè tíxǐng zìjǐ, bùyào wàngjì zhīqián suǒ shòu de qūrǔ.

Bùjǐn rúcǐ, wèile xiāomó wú wáng fūchà de yìzhì, tā hái gěi fūchà sòng qùle měinǚ xīshī. Cóng nà yǐhòu, fūchà gèngjiā chénmí wánlè, bùgù cháozhèng, wú guó yī tiāntiān shuāiruò xiàqù.

Jīngguòle èrshí nián de zhǔnbèi, gōujiàn zhōngyú zhǔnbèi hǎole. Děngdào shíjī yī chéngshú, gōujiàn biàn lìkè dài bīng gōng dǎ wú guó, zhè yīcì, tā bǎ wú guó jūnduì dǎ di háo wú huánshǒu zhī lì, wú wáng fūchà shífēn cánkuì, zuìhòu yě zìwěn shēnwáng, gōujiàn dà chóu zhōngyú dé bào.

AVOID LIKE A PLAGUE (退避三舍)

1	时期	Shíqí	Period
2	小人	Xiǎo rén	A base person; villain; vile character
3	谗言	Chányán	Slanderous talk; calumny; slander
4	太子	Tàizǐ	Crown prince
5	下令	Xiàlìng	Give orders; order
6	捉拿	Zhuōná	Arrest; catch
7	弟弟	Dìdì	Younger brother; brother
8	连忙	Liánmáng	Promptly; immediately; instantly; in a hurry
9	逃出	Táo chū	Escape; run away from
10	日后	Rìhòu	In the future; in the days to come
11	必定	Bìdìng	Be bound to; be sure to; certainly; undoubtedly
12	有所	Yǒu suǒ	To some extent; somewhat
13	收留	Shōuliú	Take somebody in; have somebody in one's care
14	上宾	Shàngbīn	Distinguished guest; guest of honor
15	有一次	Yǒu yīcì	Once; on one occasion
16	酒宴	Jiǔyàn	Banquet; feast
17	宴请	Yànqǐng	Entertain; fete
18	有朝一日	Yǒuzhāoyīrì	Some day; some day in the future; one day; if one day
19	君主	Jūnzhǔ	Monarch; sovereign
20	奇珍异宝	Qí zhēn yì bǎo	Priceless treasures; an extremely rare treasure; rare jewels and precious stones; rare pearls and wondrous precious stones of

			dazzling beauty
21	妃子	Fēizi	Imperial concubine
22	大王	Dàwáng	King; monarch; magnate
23	献给	Xiàn gěi	Present to, give
24	询问	Xúnwèn	Ask about; enquire; examination; inquiry
25	说道	Shuōdao	Say
26	回去	Huíqù	Return; go back; be back; back
27	到时候	Dào shíhòu	By the time; That time; in due course; at that time
28	贵国	Guì guó	Your country
29	交好	Jiāo hǎo	Be on friendly terms; be friendly with
30	退避三舍	Tuìbì sānshè	Retreat about thirty miles as a condition for peace; avoid like a plague; give one a wide berth; give way to somebody to avoid a conflict
31	哈哈大笑	Hāhā dà xiào	Laugh heartily; laugh a shrill laugh; burst into hearty laughter
32	过后	Guòhòu	Afterwards; later
33	回到	Huí dào	Return to; go back to
34	历史上	Lìshǐ shàng	Historically; in history
35	赫赫有名	Hèhè yǒumíng	Having a great reputation; well-renowned; far-famed; illustrious
36	统治	Tǒngzhì	Rule; dominate; control; govern
37	之下	Zhī xià	Under
38	一天天	Yī tiāntiān	Day after day; every day
39	强大	Qiángdà	Big and powerful; powerful; formidable
40	起来	Qǐlái	Stand up; sit up; rise to one's feet

41	来到	Lái dào	Arrive; come
42	忘记	Wàngjì	Forget; slip from one's memory
43	当初	Dāngchū	At the beginning; originally; at the outset; in the first place
44	诺言	Nuòyán	Promise
45	战时	Zhàn shí	Wartime
46	命令	Mìnglìng	Order; command; directive; instruction
47	后退	Hòutuì	Drawback; fall back; retreat; back away
48	九十	Jiǔshí	Ninety
49	地带	Dìdài	District; region; zone; band
50	以为	Yǐwéi	Think; believe; consider
51	害怕	Hàipà	Fear; be afraid; be scared; be afraid of something
52	得意洋洋	Déyì yángyáng	Feel oneself highly flattered; cheerful and confident; have one's nose in the air
53	骄傲	Jiāo'ào	Arrogant; conceited; be too big for one's shoes; be cocky
54	轻敌	Qīngdí	Take the enemy lightly; underestimate the enemy
55	战争	Zhànzhēng	War; warfare
56	胜利	Shènglì	Win; victory; triumph; successfully
57	著名	Zhùmíng	Famous; well-known; celebrated; noted

Chinese (中文)

在春秋时期，晋献公听了小人的谗言，不仅杀了太子，还下令捉拿太子的弟弟重耳。重耳知道后，连忙逃出去，这一逃，就是十几年。

重耳逃到了楚国，当时的楚成王看重耳是个可塑之才，日后必定大有所为，便收留了他，还待他为上宾。

有一次，楚王摆下酒宴，宴请重耳。突然问他："有朝一日你要是回到了晋国，当上了君主，你又该如何待我？"重耳回答道："无论是奇珍异宝，还是美女妃子，只要大王您说一声，我必定眼睛都不眨一下献给大王。"

但是这显然不是楚王想要听到的答案，又继续询问，重耳说道："如果我真能回去理政，当上君主，到时候必定与贵国交好，哪怕是发生了战争，我也将退避三舍。"楚王听后，哈哈大笑。

几年过后，重耳真的回到晋国，当上了君主，而且还是历史上都赫赫有名的晋文公。在他的统治之下，晋国一天天强大起来。

但是与秦国对战的那一天还是来到了，重耳没有忘记当初许下的诺言，在两军对战时命令军队后退九十里，一直退到城濮地带。

但是楚军却以为是晋国害怕了，所以后退，便得意洋洋。重耳利用楚军的骄傲与轻敌，取得了战争的胜利，这就是历史上著名的城濮之战。

Pinyin (拼音)

Zài chūnqiū shíqí, jìn xiànggōng tīngle xiǎo rén de chányán, bùjǐn shāle tàizǐ, hái xiàlìng zhuōná tàizǐ de dìdì zhòng'ěr. Zhòng'ěr zhīdào hòu, liánmáng táo chū qù, zhè yī táo, jiùshì shí jǐ nián.

Zhòng'ěr táo dàole chǔ guó, dāngshí de chǔ chéng wáng kànzhòng'ěr shìgè kěsù zhī cái, rìhòu bìdìng dà yǒu suǒ wéi, biàn shōuliúle tā, hái dài tā wéi shàngbīn.

Yǒu yīcì, chǔ wáng bǎi xià jiǔyàn, yànqǐng zhòng'ěr. Túrán wèn tā:"Yǒuzhāoyīrì nǐ yàoshi huí dàole jìn guó, dāng shàngle jūnzhǔ, nǐ yòu gāi rúhé dài wǒ?" Zhòng'ěr huídá dào:"Wúlùn shì qí zhēn yì bǎo, háishì měinǚ fēizi, zhǐyào dàwáng nín shuō yīshēng, wǒ bìdìng yǎnjīng dōu bù zhǎ yīxià xiàn gěi dàwáng."

Dànshì zhè xiǎnrán bùshì chǔ wáng xiǎng yào tīng dào de dá'àn, yòu jìxù xúnwèn, zhòng'ěr shuōdao:"Rúguǒ wǒ zhēnnéng huíqù lǐ zhèng, dāng shàng jūnzhǔ, dào shíhòu bìdìng yǔ guì guójiāo hǎo, nǎpà shì fāshēngle zhànzhēng, wǒ yě jiāng tuìbìsānshè." Chǔ wáng tīng hòu, hāhā dà xiào.

Jǐ nián guòhòu, zhòng'ěr zhēn de huí dào jìn guó, dāng shàngle jūnzhǔ, érqiě háishì lìshǐ shàng dū hèhè yǒumíng de jìn wéngōng. Zài tā de tǒngzhì zhī xià, jìn guó yītiāntiān qiángdà qǐlái.

Dànshì yǔ qín guó duìzhàn dì nà yī tiān háishì lái dàole, zhòng'ěr méiyǒu wàngjì dāngchū xǔ xià de nuòyán, zài liǎng jūnduìzhàn shí mìnglìng jūn duì hòutuì jiǔshí lǐ, yīzhí tuì dào chéng pú dìdài.

Dànshì chǔ jūn què yǐwéi shì jìn guó hàipàle, suǒyǐ hòutuì, biàn déyì yángyáng. Zhòng ěr lìyòng chǔ jūn de jiāo'ào yǔ qīngdí, qǔdéle zhànzhēng de shènglì, zhè jiùshì lìshǐ shàng zhùmíng de chéng pú zhī zhàn.

PARTITION OF JIN (三家分晋)

1	末期	Mòqí	Last phase; final phase; last stage
2	原本	Yuánběn	Original manuscript; master copy
3	此时	Cǐ shí	This moment; right now; now; at present
4	早已	Zǎoyǐ	Long ago; for a long time
5	分崩离析	Fēnbēng líxī	Fall apart; disintegrate and torn by dissension; fall separately and split differently -- to dissolve
6	掌权	Zhǎngquán	Be in power; wield power; exercise control
7	如同	Rútóng	Like; similar to; as
8	摆设	Bǎishè	Furnish and decorate
9	实权	Shíquán	Real power
10	不满足	Bù mǎnzú	Discontent; Not satisfied; dissatisfy
11	贪心	Tānxīn	Greed; avarice; rapacity
12	地盘	Dìpán	Domain; territory under one's control; sphere; foundation
13	于是	Yúshì	Thereupon; hence; consequently; as a result
14	争斗	Zhēngdòu	Fight; struggle; strife
15	打垮	Dǎkuǎ	Strike down; defeat; beat
16	剩下	Shèng xià	Be left; remain
17	略胜一筹	Lüè shèng yīchóu	Be a stroke above; be one upon somebody; just a little better;
18	对手	Duìshǒu	Opponent; adversary; rival
19	不约而同	Bùyuē'értóng	Do or think the same without prior consultation; act in concert without previous arrangement; agree

			without previous consultation
20	一同	Yītóng	Together with; in the company of; together; at the same time and place
21	抵抗	Dǐkàng	Resist; stand up to; oppose; resistance
22	聪明人	Cōngmíng rén	A smart person, a man of brains
23	不了	Bùliǎo	Without end
24	团结	Tuánjié	Unite; rally
25	有希望	Yǒu xīwàng	Be hopeful; have a future; in prospect
26	竞争对手	Jìngzhēng duìshǒu	Competitor
27	联合起来	Liánhé qǐlái	Gang up; join forces with
28	对抗	Duìkàng	Antagonism; confrontation; antagonize; counter
29	势力	Shìlì	Force; power; influence
30	之下	Zhī xià	Under
31	财产	Cáichǎn	Property; assets; estate
32	平分	Píngfēn	Divide equally; share and share alike; go halves; go fifty-fifty
33	从此以后	Cóngcǐ yǐhòu	From this moment on, henceforth
34	战国	Zhànguó	Warring states
35	揭开	Jiē kāi	Uncover; reveal; open; disclose
36	序幕	Xùmù	Prologue; prelude

Chinese (中文)

春秋末期，原本强大的晋国，此时内部早已分崩离析，实际上是被六卿韩、赵、魏、智、范、中行氏掌权，此时的晋王如同一个摆设，毫无权力在手。

但是，那怕是这拥有实权的六卿，仍不满足于现状，仍然十分贪心，想要更多的地盘和权力。于是这六卿内部之间还在不断的争斗，范氏和中行氏被打垮了，还剩下四家，其中这六四家，智氏相比其他几家又略胜一筹。

虽然这四家都是对手的关系，但是比起强大一些的智氏，赵韩魏三家不约而同的团结起来，一同抵抗智氏。他们也都是聪明人，单凭他们其中的任何一家，都抵抗不了智氏，只有团结起来才有希望。在他们看来，竞争对手能少一个就少一个。

于是三家联合起来，共同对抗智氏。在其他势力的帮助之下，三家成功灭了智氏，并且将智氏的财产全部平分，这就是所谓的三家分晋。

从此以后，战国时代揭开了序幕。

Pinyin (拼音)

Chūnqiū mòqí, yuánběn qiángdà de jìn guó, cǐ shí nèibù zǎoyǐ fēnbēnglíxī, shíjì shang shì bèi liù qīng hán, zhào, wèi, zhì, fàn, zhōngxíng shì zhǎngquán, cǐ shí de jìn wáng rútóng yīgè bǎishè, háo wú quánlì zài shǒu.

Dànshì, nà pà shì zhè yǒngyǒu shíquán de liù qīng, réng bù mǎnzú yú xiànzhuàng, réngrán shífēn tānxīn, xiǎng yào gèng duō dì dìpán hé quánlì. Yúshì zhè liù qīng nèibù zhī jiān hái zài bùduàn de zhēngdòu, fàn shì hé zhōngxíng shì bèi dǎkuǎle, hái shèng xià sì jiā, qízhōng zhè liùsì jiā, zhǐ shì xiāng bǐ qítā jǐ jiā yòu lüè shèng yīchóu.

Suīrán zhè sì jiā dōu shì duìshǒu de guānxì, dànshì bǐ qí qiángdà yīxiē de zhì shì, zhào hán wèi sānjiā bùyuē'értóng de tuánjié qǐlái, yītóng dǐkàng zhì shì. Tāmen yě dū shì cōngmíng rén, dān píng tāmen qízhōng de rènhé yījiā, dōu dǐkàng bùliǎo zhì shì, zhǐyǒu tuánjié qǐlái cái yǒu xīwàng. Zài tāmen kàn lái, jìngzhēng duìshǒu néng shǎo yīgè jiù shǎo yīgè.

Yúshì sānjiā liánhé qǐlái, gòngtóng duìkàng zhì shì. Zài qítā shìlì de bāngzhù zhī xià, sānjiā chénggōng mièle zhì shì, bìngqiě jiāng zhì shì de cáichǎn quánbù píngfēn, zhè jiùshì suǒwèi de sānjiā fēn jìn.

Cóngcǐ yǐhòu, zhànguó shídài jiē kāile xùmù.

www.QuoraChinese.com